Lo hizo por ti

MAX LUCADO

GRUPO NELSON
Una división de Thomas Nelson Publishers
Desde 1798

NASHVILLE   DALLAS   MÉXICO DF.   RÍO DE JANEIRO

Betania es un sello de Editorial Caribe, Inc.

© 2002 Editorial Caribe, Inc.
Una división de Thomas Nelson, Inc.
Nashville, TN—Miami, FL, EE.UU.
www.caribebetania.com

Título en inglés: *He did this Just for You*
© 2000 Max Lucado
Publicado por Word Publishing

A menos que se señale lo contrario, todas las citas
bíblicas son tomadas de la Versión Reina-Valera 1960
© 1960 Sociedades Bíblicas Unidas en América Latina.
Usadas con permiso.

Traductor: *Guillermo Vásquez*

ISBN: 0-88113-677-8
ISBN: 978-0-88113-677-7

Tipografía de la edición castellana:
A&W Publishing Electronic Services, Inc.

Impreso en EE.UU.
Printed in U.S.A.
10ª Impresión, 2/2010

CONTENIDO

Querido amigo:

Cuando piensas en la cruz, ¿qué pensamientos vienen a tu mente? ¿Campanarios? ¿Collares de oro? ¿Iglesias?

¿O tus pensamientos son más intensos y vienen a tu mente palabras como estas: Jesús. Clavos. Sangre. Dolor. Muerte. Tumba. *¿Tumba?* ¡Sí, vacía! Gozo. Promesa. Vida. ¡Salvador!

Ah, las palabras de la cruz, están tan llenas de *sufrimiento*. Tan llenas de *pasión*. Tan llenas de *promesas*. Las promesas de Dios, sus promesas para ti. ¡Sus promesas de hacer lo que sea necesario para salvar tu alma!

A propósito, allí es donde están sus pensamientos. Él está pensando en ti. Y mientras reflexionas en la cruz, Él quiere que sepas lo que hizo por ti. *¡Lo hizo por ti!*

Bendiciones,

Max Lucado

La Parábola

EL ANHELO DE DIOS PARA TI

*«Porque de tal manera amó Dios al mundo,
que ha dado a su Hijo unigénito,
para que todo aquel que en él cree, no se pierda,
más tenga vida eterna. Porque no envió Dios
a su Hijo al mundo para condenar al mundo,
sino para que el mundo sea salvo por él». (Juan 3.16,17)*

La Parábola

EL ANHELO DE DIOS PARA TI

*M*adeline, de cinco años de edad, saltó a las rodillas de su padre.

—¿Comiste lo suficiente? —le preguntó él.

Ella sonrió y se golpeó suavemente la barriga.

—No puedo comer más.

—¿Te dieron pastel de la abuelita?

—¡Un gran pedazo!

Joe miró a su madre que estaba al otro lado de la mesa.

—Parece que estamos todos satisfechos. No podremos hacer nada más esta noche que no sea irnos a la cama.

Madeline puso sus pequeñas manitas a los lados de la cara de su padre.

—Pero papi, hoy es Nochebuena. Dijiste que podríamos bailar.

Joe fingió no acordarse.

—¿Dije eso? Porque no recuerdo haber dicho nada sobre bailar.

La abuelita sonrió y pasó su mano por la cabeza de la niña mientras empezaba a recoger las cosas de la mesa.

—Pero papi —rogó Madeline—, nosotros siempre bailamos en Nochebuena. Solo tú y yo, ¿recuerdas?

Una sonrisa se dibujó bajo el grueso bigote del padre.

—Por supuesto que lo recuerdo, querida. ¿Cómo podría olvidarlo?

Y diciendo eso, se puso en pie, tomo su manita en la suya y, por un momento, solo por un momento, su esposa estaba viva de nuevo y los dos entraban en el cuartito para pasar juntos otra Nochebuena como otras tantas que habían pasado, bailando hasta la madrugada.

Habrían podido bailar el resto de sus vidas, pero vino el sorpresivo embarazo y las complicaciones. Madeline sobrevivió pero su madre no. Y Joe, el rudo carnicero de Minnesota, se quedó solo para criar a Madeline.

—Ven papi —le dijo, tirándole de la mano—. Bailemos antes de que lleguen.

Ella tenía razón. Pronto sonaría el timbre de la puerta y los familiares llenarían la casa y la noche sería ya algo del pasado.

Pero por ahora, solo estaban papi y Madeline.

EL MARAVILLOSO AMOR DE DIOS

El amor de un padre por su hijo es una fuerza poderosa. Piensa en la pareja con su bebé recién nacido. El niño no le ofrece a sus padres absolutamente nada. Ni dinero, ni habilidades, ni palabras de sabiduría. Si tuviera bolsillos, estarían vacíos. Ver a un bebé acostado en su camita es ver a un indefenso. ¿Qué tiene para que se le ame?

Lo que sea que tenga, mamá y papá lo saben identificar. Si no, observa el rostro de la madre mientras atiende a su bebé. O la mirada del papá mientras lo acuna. O trata de causar daño o hablar mal del niño. Si lo haces, te vas a encontrar con una fuerza poderosa, porque el amor de los padres es una fuerza poderosa.

En una ocasión Jesús dijo que si nosotros los humanos somos capaces de amar así, cuánto más no nos amará Dios, el Padre sin pecado y generoso.[1] Pero, ¿qué ocurre cuando el amor no es correspondido? ¿Qué le ocurre al corazón del Padre cuando el hijo se va?

━ ━ ━

La rebeldía atacó el mundo de Joe como una ventisca a Minnesota.

Cuando ya tenía edad suficiente como para conducir un automóvil, Madeline decidió que

era suficiente mayor como para dirigir su propia
vida. Y esa vida no incluía a su padre.

«Debí habérmelo imaginado», diría Joe más
tarde, «pero por mi vida que no lo hice». No
había sabido qué hacer. No sabía cómo vérselas
con narices con aretes ni con blusas apretadas.
No entendía de trasnochadas ni de malas notas.
Y, lo que es peor, no sabía cuándo hablar y
cuándo guardar silencio.

Ella, por otro lado, lo sabía todo. Cuándo
hablar a su padre: Nunca. Cuándo quedarse
callada: Siempre. Sin embargo, las cosas eran al
revés con su amigo de la calle, aquel muchacho
flacucho y tatuado. No era un muchacho bueno,
y Joe lo sabía.

No iba a permitir que su hija pasara la
Nochebuena con ese muchacho.

«Pasarás la noche con nosotros, señorita.
Comerá el pastel de la abuelita en la cena en su
casa. Celebraremos juntos la Nochebuena».

Aunque estaban sentados a la misma mesa,
perecían que estaban en puntos distintos de la
ciudad. Madeline jugaba con la comida sin
decir palabra. La abuela trataba de hablar a
Joe, pero este no estaba de humor para charlar.
Una parte de él estaba furiosa; la otra parte
estaba desconsolada. Y el resto de él habría dado
cualquier cosa para saber cómo hablar a esta
niña que una vez se había sentado en sus
rodillas.

Llegaron los familiares trayendo con ellos
un bienvenido final al desagradable silencio.
Con la sala llena de ruidos y gente, Joe se
mantuvo en un extremo y Madeline en el otro.

«Pon música, Joe», le recordó uno de sus hermanos. Así lo hizo. Pensando que sería una buena idea, se dirigió hacia donde estaba su hija: «¿Bailarías con tu papi esta noche?»

Por la forma en que ella resopló y se volvió, podría haberse pensado que le había dicho algo insultante. Ante la vista de toda la familia, se dirigió hacia a la puerta de la calle, la abrió, y se fue, dejando a su padre solo.

Muy solo.

LOS ENEMIGOS DE DIOS

Según la Biblia, nosotros hemos hecho lo mismo. Hemos despreciado el amor de nuestro Padre. «Cada cual se apartó por su camino» (Isaías 53.6).

Pablo va un poco más allá con nuestra rebelión. Hemos hecho más que simplemente irnos, dice. Nos hemos vuelto *contra* nuestro Padre. Estábamos viviendo contra Dios (Romanos 5.6).

En el versículo 10 es aun más terminante: «Éramos enemigos de Dios». Duras palabras, ¿no crees? Un enemigo es un adversario. Uno que ofende, no por ignorancia, sino con intención. ¿Nos describe esto a nosotros? ¿Hemos sido alguna vez enemigos de Dios? ¿Nos hemos vuelto alguna vez contra nuestro Padre?

¿Hemos...

hecho alguna vez algo sabiendo que a Dios no le agradaba?

causado daño a alguno de sus hijos o a parte de la creación?

respaldado o aplaudido el trabajo de su adversario, el diablo?

llegado a mostrarnos en público como enemigos de nuestro Padre celestial?

Si es así, ¿no hemos asumido el papel de enemigo?

Según la Biblia, *«por naturaleza somos hijos de la ira»* (Efesios 2.3). No es que no podamos hacer lo bueno. Lo hacemos. Lo que pasa es que no podemos dejar de hacer lo malo.

«No hay justo, ni aun uno ... Todos pecaron y están destituidos de la gloria de Dios» (Romanos 3.10,23).

Es posible que alguno no esté de acuerdo con palabras tan fuertes. Quizás tal persona podría mirar a su alrededor y decir: «Comparado con fulano, yo soy una persona decente». Un cerdo podría decir lo mismo, podría mirar a sus iguales y declarar: «Estoy tan limpio como cualquiera de estos». Comparado con un ser humano, sin embargo, ese cerdo necesita ayuda. Comparados con Dios, nosotros los humanos necesitamos lo mismo. La medida para la santidad no se encuentra entre los cerdos de la tierra, sino en el trono del cielo. Dios mismo es la medida.

Nuestro Dios es un Dios perfecto, sin mancha de pecado, libre de equivocaciones. Donde nosotros no vemos sino aguas turbias, Él no ve sino pureza. Nosotros moramos en tinieblas, Él mora en luz. Dios no ha pecado jamás.

Y nosotros jamás dejamos de pecar. Dios ha vivido en una eternidad sin pecado. ¡Yo me emocionaría si viviera una hora sin pecado! Pero no he tenido ni una. ¿Tú la has tenido? ¿Has tenido alguna vez sesenta minutos en los cuales hayas cometido solo un pecado? Yo no. Pero solo para hacer un contraste, digamos que tú sí. Digamos que has vivido una vida en la que has cometido solo un pecado por hora. Calculemos: Un promedio de vida de setenta y dos años significaría seiscientos treinta mil setecientos veinte pecados. Mientras estás leyendo este libro, rondarías por los seiscientos mil pecados ya.

Ahora, piensa el momento en que estás delante de Dios. Recuerda que Él es un Dios perfecto, y que el cielo es un lugar perfecto. Si estás delante de Dios, ¿qué serías tú? Serías perfecto también, excepto por las seiscientas mil fallas que hay en tu récord. Entre tú y Dios habría un inmenso abismo de imperfección y pecado.

Vemos que tenemos un problema: Somos pecadores, y Dios dice: «*La paga del pecado es muerte*» (Romanos 6.23).

¿Qué podemos hacer? ¿Cómo reacciona Dios cuando nos transformamos en sus enemigos?

— ⁓ ⁓

Madeline volvió esa noche pero no por mucho tiempo. Joe nunca le falló como para que ella se fuera. Después de todo, ¿qué significa ser hija de un carnicero? En sus últimos días juntos él hizo todo lo que pudo. Le cocinó su comida favorita. Ella no tenía apetito. La invitó al cine. Ella se encerró en su cuarto. Le compró un vestido nuevo. Ella nunca le dio las gracias. Hasta que llegó aquel día primaveral en que él salió temprano de su trabajo para estar en casa cuando ella llegara de la escuela.

Desde ese día, ella nunca más volvió a casa.

Un amigo la vio junto con su novio en las cercanías de la estación de autobuses. Las autoridades confirmaron la compra de dos pasajes para Chicago; adónde fueron desde de allí, nadie lo sabe.

EL REGRESO A CASA

El camino más famoso en el mundo, es la Vía Dolorosa, «la ruta de la tristeza». Según la tradición, es la ruta que Jesús tomó desde el palacio de Pilato al Calvario. La ruta está marcada por estaciones usadas frecuentemente por los cristianos para sus devociones. Una de estas estaciones marca el paso del veredicto de Pilato.

Otra, la aparición de Simón para ayudar a llevar la cruz. Dos estaciones recuerdan las caídas de Jesús y otra sus palabras. Entre todas, hay catorce estaciones, cada una recordando los sucesos de la caminata final de Cristo.

¿Es la ruta verdadera? Probablemente no. Cuando en el año 70 d.C. y más tarde en el 135 Jerusalén fue destruida, las calles de la ciudad lo fueron también. Como resultado, nadie sabe exactamente cuál fue la ruta que Jesús siguió aquel viernes.

Pero nosotros sabemos dónde comienza este camino.

Comienza no en el tribunal de Pilato, sino en los salones del cielo. El Padre inició su jornada cuando dejó su hogar para venir en busca nuestra. Inició la búsqueda armado con nada más que pasión para ganar tu corazón.

Este es el corazón del mensaje cristiano. Dios se hizo hombre. Nació en un establo ordinario, de padres ordinarios, pero el suyo era un propósito extraordinario. Vino para llevarnos al cielo. Su muerte fue un sacrificio por nuestros pecados. Jesús fue nuestro sustituto. Él pagó por nuestras equivocaciones para que nosotros no tuviéramos que pagarlas. El deseo de Jesús fue único: traer a sus hijos de vuelta a casa.

La Biblia tiene una palabra para esta búsqueda: *reconciliación*.

«Dios estaba en Cristo, reconciliando consigo al mundo con él» (2 Corintios 5.19). La palabra griega que se traduce *reconciliación* quiere decir «hacer algo de una manera diferente»[2] El sendero de la cruz nos dice exactamente cuán lejos iría Dios para volver a juntarlo todo.

La reconciliación vuelve a unir lo que está separado, invierte la rebelión, vuelve a encender la pasión que se ha enfriado. La reconciliación toca el hombro del descarriado y lo pone en camino hacia el hogar.

El muchacho enjuto de los tatuajes tenía un primo. Este trabajaba en el turno de noche en una tienda al sur de Houston. Por unos pocos dólares al mes permitía a los fugitivos permanecer en su apartamento por las noches, pero durante el día tenían que salir de allí.

No había problemas. Ellos tenían grandes planes. Él sería un mecánico y Madeline buscaría trabajo en una tienda por departamentos. Por supuesto, él no sabía nada de automóviles, y ella mucho menos sobre cómo conseguir un trabajo, pero uno no piensa en esas cosas cuando está intoxicado de libertad.

Después de un par de semanas, el primo cambió de opinión. Y el día que les dio a conocer su decisión, el joven enjuto con tatuajes dio a

*conocer la suya. De este modo, Madeline se
encontró frente a la noche sin un lugar donde
dormir ni una mano que la sostuviera.*

 *Fue la primera de una serie de muchas
noches así.*

 *Una mujer en el parque le habló de un
lugar para desamparados cerca del puente. Por
unos cuantos dólares ella podría obtener un
plato de sopa y un catre. Unos cuantos dólares
era todo lo que tenía. Usó su mochila como
almohada y su chaqueta como frazada. El
cuarto era tan bullicioso que no se podía dormir.
Madeline volteó la cabeza hacia la pared y por
primera vez en muchos días, pensó en el
barbudo rostro de su padre y como él le daba un
beso cada noche. Pero cuando las lágrimas
quisieron brotar de sus ojos, se resistió a llorar.
Metió el recuerdo bien hondo en su memoria y
decidió no volver a pensar en su casa.*

 *Había llegado tan lejos que ya era imposible
volver.*

 *A la mañana siguiente, la joven que
ocupaba el catre al lado del suyo le mostró un
puñado de propinas que había ganado bailando
sobre las mesas. «Esta es la última noche que
dormiré aquí», le dijo. «Ahora puedo pagar mi
propio lugar. Me dijeron que están necesitando
más bailarinas. Deberías venir conmigo». Buscó
en el bolsillo de su chaqueta y sacó una caja de
fósforos. «Aquí está la dirección», le dijo,
entregándole un papelito.*

 *Con solo pensarlo, el estómago de Madeline
empezó a darle vueltas. Todo lo que pudo hacer
fue mascullar: «Lo pensaré».*

El resto de la semana lo pasó en las calles buscando trabajo. Al final de la semana, cuando tenía que pagar la cuenta en el refugio, buscó en sus bolsillos y sacó el papelito. Era todo lo que le quedaba.

«No voy a pasar esta noche aquí», se dijo, y se dirigió a la puerta.

El hambre tiene su manera de suavizar las convicciones.

ORGULLO Y VERGÜENZA

Orgullo y vergüenza. Nunca hubieras pensado que el orgullo y la vergüenza son hermanos. Parecen tan diferentes. El orgullo le infló el pecho. La vergüenza le hizo agachar la cabeza. El orgullo alardea. La vergüenza hace ocultarse. El orgullo procura ser visto. La vergüenza trata de ser evitada.

Pero no te dejes engañar, las emociones tienen el mismo parentesco y causan el mismo impacto: Te mantienen alejado de tu Padre.

El orgullo dice: «Eres demasiado bueno para Él».

La vergüenza dice: «Eres demasiado malo para Él».

El orgullo te aleja.

La vergüenza te mantiene alejado.

Si el orgullo es lo que hay antes de una caída, la vergüenza es lo que te impide levantarte después.

— — —

Si algo sabía Madeline, era bailar. Su padre le había enseñado. Ahora, hombres de la edad de su padre la observaban. Ella no se daba cuenta de ese detalle, sencillamente no pensaba en eso. Simplemente hacía su trabajo y se ganaba sus dólares.

Quizás nunca habría pensado en eso, excepto por las cartas que el primo le llevaba. No una, ni dos, sino una caja llena. Todas dirigidas a ella. Todas de su padre.

«Tu antiguo novio debe haberte delatado. Llegan de estas dos o tres por semana», se quejaba el primo. «Dale tu nueva dirección». Ah, pero ella no podía hacer eso. La encontraría.

No se atrevía a abrir las cartas. Sabía lo que decían: que volviera a casa. Pero si supiera lo que estaba haciendo no le escribiría.

Le pareció menos doloroso no leerlas. De manera que no lo hizo. No esa semana ni la siguiente cuando el primo le trajo más, ni la siguiente cuando llegó de nuevo. Las guardó en el guardarropa del club donde bailaba, organizadas de acuerdo a la fecha del matasellos. Pasaba sus dedos por sobre cada una pero no se atrevía a abrirlas.

La mayor parte del tiempo Madeline podía controlar sus emociones. Los pensamientos del hogar y los pensamientos de su vergüenza se fundían en el mismo sitio de su corazón. Pero había ocasiones en que los pensamientos eran demasiado fuertes para resistirlos.

Como aquella vez cuando vio un vestido en la vitrina de una tienda. Un vestido del mismo color que el que le había comprado su padre. Un vestido que había sido demasiado sencillo para ella. De mala gana se lo había puesto y se había parado frente al espejo. «Caramba, estás tan alta como yo», le había dicho su padre. Ella se había puesto rígida cuando él la tocó.

Al ver su cansado rostro reflejado en la vitrina de la tienda, Madeline comprendió que hubiera dado mil trajes solamente para sentir sus brazos otra vez. Salió de la tienda y decidió no pasar nunca más por allí.

— — —

DECISIONES

Todos tomamos decisiones. Algunas sabias, otras no. Dios nos pide tomar decisiones eternas, y estas decisiones tienen consecuencias eternas.

Has hecho algunas malas decisiones en tu vida, ¿no es verdad? Te has equivocado al escoger a tus amigos, quizás tu profesión, incluso tu cónyuge. Ahora miras hacia atrás y dices: «Si pudiera... si pudiera librarme de esas malas decisiones». ¡Puedes! Una buena decisión para la eternidad compensa miles de malas decisiones malas hechas en la tierra.

Tú tienes que tomar la decisión.

Desde que Jesús vino a la tierra, esta decisión ha estado disponible para nosotros. Y sin embargo nos admiramos de cómo algunos pueden decidirse por la vida eterna y algunos rechazarla. Nos admiramos de cómo dos hombres pueden ver al mismo Jesús, y uno de ellos burlarse de Él y el otro orar a Él. No sé cómo pudo ser eso, pero así lo hicieron.

Eso fue lo que sucedió en la cruz. Había otras dos cruces en la cima de la colina ese día, el día que Jesús murió. Dos criminales sufrían juntamente con Él la misma muerte. Y esas dos cruces nos recuerdan uno de los más grandes dones de Dios: El don de la decisión. Uno se decidió por Jesús, el otro simplemente se burló de Él. Las Escrituras revelan parte de la historia:

«Uno de los criminales que colgaba de la cruz lanzaba insultos a Jesús, diciéndole: Si tú eres el Cristo, sálvate a ti mismo y a nosotros. Pero el otro criminal le reprendió y le dijo: ¿Ni aun temes tú a Dios, estando en la misma condenación? Nosotros, a la verdad, justamente padecemos, porque recibimos lo que merecieron nuestros hechos; más éste ningún mal hizo. Y dijo a Jesús: Acuérdate de mí cuando vengas en tu reino. Entonces

Jesús le dijo: De cierto te digo que hoy estarás conmigo en el paraíso» (Lucas 23.39-43).

Cuando uno de los criminales que moría oró, Jesús le amó lo suficiente para salvarlo. Y cuando el otro se burló, Jesús le amó lo suficiente como para permitirle hacer eso.

Les permitió hacer su decisión.

Él hace lo mismo contigo.

Llegó la época en que las hojas se caen y el aire se pone frío.

El correo siguió llegando y el primo quejándose a medida que crecía la cantidad de cartas. Ella seguía decidida a no mandarle su dirección. Incluso seguía sin leer las cartas.

Entonces, pocos días antes de la Nochebuena, llegó otra carta. El mismo sobre. El mismo color. Pero esta no tenía el matasellos. Ni le fue entregada por el primo. Estaba sobre la mesa del cuarto de vestirse.

«Hace un par de días un hombre muy fornido vino y me pidió que te diera esto», explicó una de las otras bailarinas. «Dijo que entenderías el mensaje».

«¿Estuvo aquí?», preguntó ansiosa.

La mujer se encogió de hombros: «Supongo que tuvo que ser él».

Madeline tragó y miró el sobre. Lo abrió y extrajo una tarjeta. «Sé dónde estás», leyó. «Sé lo que haces. Esto no cambia lo que siento. Todo lo que he dicho en cada una de las demás cartas sigue siendo verdad».

«Pero yo que no sé lo que me has dicho», dijo Madeline. Extrajo una carta de la parte superior del montón y la leyó. Luego hizo lo mismo con una segunda, y una tercera. Cada carta tenía la misma frase. Cada frase hacía la misma pregunta.

En unos cuantos minutos el piso estaba lleno de papel y su rostro bañado en lágrimas.

Antes de una hora se encontraba a bordo de un autobús. «Ojalá que llegue a tiempo».

Lo logró apenas.

Los familiares estaban empezando a retirarse. Joe estaba ayudando a lu abuela en la cocina cuando su hermano lo llamó: «Joe, alguien está aquí y quiere verte».

Joe salió de la cocina y se detuvo. En una mano, la muchacha sostenía una mochila. Y en la otra, sostenía una tarjeta. Joe vio la pregunta en sus ojos.

«La respuesta es "sí"», le dijo a su padre. «¡Si la invitación todavía se mantiene, la respuesta es "isí!"».

Joe tragó emocionado. «¡Ah, claro que sí! ¡La invitación todavía se mantiene!»

¡Y así, los dos volvieron a bailar esa Nochebuena!

Sobre el piso, cerca de la puerta, permanecía tirada una carta abierta dirigida a Madeline y el ruego de su padre:

«¿Quisieras venir a casa y bailar con tu papi otra vez?»

La promesa

EL DON DE DIOS PARA TI

La promesa

EL DON DE DIOS PARA TI

La cruz. ¿Puedes dirigir la mirada a cualquiera parte sin ver una? Colocada en lo alto de una capilla. Esculpida en una lápida en el cementerio. Tallada en un anillo o suspendida en una cadena, la cruz es el símbolo universal del Cristianismo. Extraña decisión, ¿no crees? Extraño que un instrumento de tortura llegara a representar un movimiento de esperanza. Los símbolos de otras religiones son más optimistas: la estrella de seis puntas de David, la luna en cuarto creciente del Islam, la flor de loto del Budismo. ¿Pero una cruz para el Cristianismo? ¿Un instrumento de ejecución?

¿Te pondrías una pequeña silla eléctrica en el cuello? ¿Suspenderías una horca de oro plateado en la pared?

¿Imprimirías una foto de un pelotón de fusilamiento en una tarjeta de negocios? Sin embargo, eso es lo que hacemos con la cruz. Muchos incluso hacen la señal de la cruz cuando oran. ¿Por qué no hacen la señal de la guillotina? En lugar de la señal triangular que la gente se hace en la frente y en el pecho, ¿por qué no un golpe de karate en la palma de la mano? ¿No sería lo mismo?

¿Por qué la cruz es el símbolo de nuestra fe? Para hallar la respuesta no hay que ir más allá de la cruz misma. Su diseño no podría ser más sencillo. Un madero horizontal y el otro vertical. Uno extendiéndose hacia afuera. El otro hacia arriba. Uno representa la anchura de su amor, el otro refleja la altura de su santidad. La cruz es la intercesión de ambos. La cruz es el lugar donde Dios perdonó a sus hijos, sin bajar sus normas de santidad.

¿Cómo pudo hacer esto? En una frase: Dios puso nuestros pecados sobre su Hijo y lo castigó allí.

«Al que no conoció pecado, por nosotros lo hizo pecado, para que nosotros fuésemos hechos justicia de Dios en él» (2 Corintios 5.21).

O como dice otra versión: «Cristo no cometió pecado alguno, pero, por causa nuestra, Dios lo trató como al pecado mismo, para así, por medio de Cristo, librarnos de culpa» (2 Corintios 5.21, VP).

Visualiza el momento. Dios en su trono. Tú en la tierra. Y entre tú y Dios, suspendido entre tú y el cielo, está Cristo sobre su cruz. Tus pecados han sido puestos sobre Jesús. Dios, que castiga el pecado, descarga su justa ira sobre tus faltas. Jesús recibe el golpe. Como Cristo está entre tú y Dios, tú no lo recibes. El pecado es castigado, pero tú estás a salvo, salvo a la sombra de la cruz.

Esto es lo que hizo Dios, pero, ¿por qué? ¿Por qué lo hizo? ¿Por un deber moral? ¿Por una obligación celestial? ¿Por un requerimiento paternal? No. Dios no fue obligado a hacer nada.

Además, considera lo que hizo. Dio a su Hijo, su único Hijo. ¿Harías tú eso? ¿Ofrecerías la vida de tu hijo por la de alguna otra persona? Yo no. Hay algunos por quienes daría mi vida, pero pídeme que haga una lista de aquellos por quienes yo mataría a mi hija, y la hoja quedaría en blanco. No necesito un lápiz. La lista no tendría ningún nombre.

Pero la lista de Dios contiene los nombres de todas las personas que han vivido en todos los tiempos. Porque este es el alcance de su amor. Y esta es la razón para la cruz. Él ama al mundo.

«Porque de tal manera amó Dios al mundo que ha dado a su Hijo unigénito» (Juan 3.16).

Tan fuerte como el madero vertical proclama la santidad de Dios, el madero horizontal declara su amor. Y, ah, ¡qué anchura infinita tiene su amor!

¿No te alegra de que el versículo no diga:

«Porque de tal manera amó Dios a los ricos...»

o, «Porque de tal manera amó Dios a los famosos...»

o, «Porque de tal manera amó Dios a los delgados...»?

No lo dice. Tampoco dice:

«Porque de tal manera amó a los europeos o africanos...»

«...a los sobrios o a los triunfadores...»

«...a los jóvenes o a los viejos...»

No lo dice tampoco.

Cuando leemos Juan 3.16, simple (y felizmente) leemos: «Porque de tal manera amó Dios al mundo».

¿Cuán ancho es el amor de Dios? Lo suficientemente ancho para alcanzar a todo el mundo. ¿Estás incluido en el mundo? Entonces estás incluido en el amor de Dios.

Es hermoso estar incluido en algo. Pero no siempre lo estamos. Las universidades te excluyen si no eres lo suficientemente inteligente. El mundo de los negocios te excluye si no estás lo suficientemente calificado y, lamentablemente, algunas iglesias te excluyen si no eres lo suficientemente bueno.

Pero aunque todos ellos te excluyan, Cristo te incluye. Cuando le pidieron que describiera la anchura de su amor, extendió todo lo que pudo una mano a la derecha, y otra a la izquierda, y pidió que sus verdugos las clavaran en esa posición sobre la cruz, para que tú supieras que Él murió amándote.

El Privilegio

LA INVITACIÓN DE DIOS PARA TI

El Privilegio

LA INVITACIÓN DE DIOS PARA TI

*R*ecuerdo que cuando tenía siete años fui a visitar a mis abuelos por una semana. Mis padres me compraron un boleto, me dieron algo de dinero para gastar, me pusieron en un autobús de la *Greyhound,* y me dijeron que no hablara con nadie ni me bajara del autobús hasta que viera el rostro de mi abuela por la ventana. Me dijeron muy claramente que mi destino era Ralls, Texas.

Dios ha hecho lo mismo contigo. Te ha puesto en un viaje. Y tiene un destino para tu vida. (Te alegrará saber que no es Ralls, Texas, precisamente.)

«Porque no nos ha puesto Dios para ira, sino para alcanzar salvación por medio de nuestro Señor Jesucristo» (1 Tesalonicenses 5:9).

Según la Biblia, el destino de Dios para tu vida es la salvación. Tu destino propuesto es el cielo. Dios ha hecho exactamente lo que hicieron mis padres. Ha comprado nuestro boleto. Nos ha equipado para el viaje. Dios te ama tanto que quiere que estés con Él para siempre.

Sin embargo, la decisión tienes que tomarla tú. Aunque Él está a la puerta con el boleto pagado y dinero para el viaje, muchos deciden ir en una dirección diferente a la que Dios tiene. Ese es nuestro problema.

NUESTRO PROBLEMA: EL PECADO (ESTAMOS EN EL AUTOBÚS EQUIVOCADO)

Cuando mis padres me dieron el boleto y me dijeron cuál autobús abordar, yo les creí e hice lo que me dijeron. Confié en ellos. Yo sabía que me amaban y que sabían más que yo... así que me subí.

Ser cristiano es subir a bordo con Cristo. Jesús está a la puerta del autobús y dice: «Yo soy el camino, y la verdad, y la vida. Nadie viene al Padre sino por mí» (Juan 14.6). Desafortunadamente, no todos aceptan esta invitación. Yo mismo no lo hice la primera vez que me invitó. Pasé algún tiempo en el autobús equivocado.

Hay muchos autobuses, cada uno de los cuales promete llevarte a la felicidad. Están los autobuses del placer, de las posesiones, del poder, de la pasión. Yo vi un autobús que se llamaba fiesta y me subí. Estaba lleno de gente riéndose y en jarana. Era como un festejo interminable. Me tomó tiempo darme cuenta que tanto escándalo era para cubrir su dolor interno.

La palabra para subirse al autobús equivocado es *pecado*. Pecado es cuando decimos: *Iré por mi camino y no por el camino de Dios*. En el centro del pecado está el *Yo*. Pecado es cuando decimos: *Haré lo yo quiera, no importa lo que Dios diga*. Solo Dios puede satisfacer nuestras necesidades. Pecado es el acto de buscar en los sitios equivocados lo que solo Dios nos puede dar. ¿Soy yo el único que ha pasado tiempo en el autobús equivocado? No. Algunos autobuses son más violentos que otros. Algunas jornadas son más largas que otras, pero:

«Todos nosotros nos descarriamos como ovejas, cada cual se apartó por su camino; mas Jehová cargó en Él pecado de todos nosotros» (Isaías 53.6).

«Si decimos que no tenemos pecado, nos engañamos a nosotros mismos, y la verdad no está en nosotros» (1 Juan 1.8).

«Somos pecadores, y cada uno de nosotros está hundiéndose en el mismo bote» (Romanos 3.20, *El Mensaje*).

Subirnos al autobús equivocado es un error muy serio. El pecado rompe nuestra relación con Dios. Se suponía que viajaríamos con él. Pero cuando vamos en el autobús equivocado en dirección contraria, nos sentimos lejos de Dios. Por eso es que la vida puede ser tan dura. No estamos cumpliendo nuestro destino.

El pecado no solo rompe nuestra relación con Dios; sino que daña nuestra relación con los demás. ¿Te imaginas yendo en un largo viaje al lugar equivocado en un autobús lleno de gente? Con el tiempo todo el mundo se pone maniático. A nadie le gusta el viaje. La jornada se hace insoportable.

Tratamos de aguantar los problemas con terapia, o recreación, o medicinas. Pero nada ayuda. La Biblia dice.

«Hay camino que parece derecho al hombre, pero su fin es camino de muerte» (Proverbios 16.25).

El resultado final del pecado es la muerte... muerte espiritual. «La paga del pecado», dice Pablo, «es muerte» (Romanos 6.23).

Pasarte la vida en el autobús equivocado, yendo al lugar equivocado te llevará al sitio equivocado. Terminarás en el infierno. No porque Dios te quiera en el infierno. Su plan para ti es el cielo. Su destino es el cielo. Él hará lo que sea para que llegues ahí, excepto por una cosa. Hay algo que Él no hará. No te forzará. La decisión es tuya. Ya Él ha hecho lo demás. Déjame explicarte.

LA SOLUCIÓN: LA GRACIA
(IR EN EL AUTOBÚS CORRECTO)

Si el problema es pecado y todos hemos pecado, ¿qué puedo hacer? Bien, puedes ir a la iglesia, pero eso no te hace cristiano. Así como ir a un rodeo no lo hace a uno vaquero, ir a la iglesia no te hace un cristiano. Puedes trabajar duro para complacer a Dios. Puedes hacer muchas obras buenas, regalar muchas cosas… el único problema con eso es que no sabes cuántas cosas buenas debes hacer. O puedes compararte con otros. «Puedo ser malo, pero por lo menos soy mejor que Hitler». El problema con las comparaciones es que los demás no son la norma. ¡Dios sí lo es!

Entonces, ¿qué vas hacer? Si no eres salvo por ir a la iglesia o por hacer buenas obras o por compararte con los demás, ¿cómo te puedes salvar? La respuesta es simple: súbete al autobús correcto.

«Porque de tal manera amó Dios al mundo que dio a su Hijo unigénito, para que todo aquel que en Él cree, no se pierda, mas tenga vida eterna» (Juan 3.16).

Fíjate en lo que hizo Dios: «Dio a su único Hijo». Así es como Dios trató con tu pecado. Imagínate: Fuiste hallado culpable por un crimen. Estás en el tribunal en frente del juez y él te sentencia a muerte. Su sentencia es justa. Eres culpable y el castigo por tu pecado es la muerte. Pero supón que el juez es tu padre. Él conoce la ley, sabe que tu crimen demanda la muerte. Pero también sabe amar; sabe que te ama tanto que no va a permitir que mueras. Entonces en un acto maravilloso de amor desciende del estrado, se quita su toga y se para a tu lado y dice: «Yo voy a morir en tu lugar».

Eso fue lo que Dios hizo por ti. La paga del pecado es muerte. La justicia divina reclama la muerte por tu pecado. Sin embargo, el amor del cielo no puede verte morir. Así que esto fue lo que Dios hizo. Se despojó de su toga divina y vino a la tierra para decirnos que moriría por nosotros. Que sería nuestro Salvador. Y eso fue lo que hizo.

«Dios puso a cuentas al mundo a través del Mesías, dándole un nuevo comienzo, ofreciéndole perdón de pecados ... Dios puso sobre Él todo el castigo sin merecerlo para que pudiéramos estar a cuentas con Dios» (2 Corintios 5.21 *El Mensaje*).

LA RESPUESTA: CONFIAR (SUBIRSE AL AUTOBÚS CORRECTO)

¿Qué quiere Dios que hagas? Él quiere que te subas en su autobús. ¿Cómo puedes hacerlo? Dando tres pasos sencillos: admitir, reconocer y aceptar.

1. *Admite* que Dios no ha ocupado el primer lugar en tu vida y pídele que te perdone por tus pecados.

«Si confesamos nuestros pecados, Él es fiel y justo para perdonar nuestros pecados, y limpiarnos de toda maldad» (1 Juan 1.9).

2. *Reconoce* que Jesús murió para pagar por tus pecados y que se levantó de los muertos y está vivo.

«Que si confesares con tu boca que Jesús es el Señor, y creyeres en tu corazón que Dios le levantó de los muertos, serás salvo» (Romanos 10.9).

«Y en ningún otro hay salvación; porque no hay otro nombre bajo el cielo, dado a los hombres, en que podamos ser salvos» (Hechos 4.12).

3. *Acepta* el regalo de la salvación que Dios te hace. No trates de ganártelo.

«Porque por gracia sois salvos por medio de la fe; y esto no de vosotros, pues es don de Dios; no por obras, para que nadie se gloríe» (Efesios 2.8,9).

«Mas a todos lo que le recibieron, a los que creen en su nombre, les dio potestad de ser hechos hijos de Dios; los cuales no son engendrados de sangre, ni de voluntad de carne, ni de voluntad de varón, sino de Dios» (Juan 1.12,13).

«He aquí, yo estoy a la puerta y llamo; si alguno oye mi voz y abre la puerta, entraré a él, y cenaré con él, y él conmigo» (Apocalipsis 3.20).

Con todo mi corazón, te ruego que aceptes el destino de Dios para tu vida. Te ruego que subas a bordo con Cristo. De acuerdo con la Biblia: «Jesús es el único que puede salvar a la humanidad. Su nombre es el único que ha sido dado para salvar. Debemos ser salvos por medio de Él» (Hechos 4.12).

¿Permitirás que te salve? Esta es la decisión más importante que habrás tomado jamás. ¿Por qué no darle tu corazón ahora? *Admite* tu necesidad. *Reconoce* su obra. *Acepta* su regalo. Ve a Dios en oración y dile: *Soy un pecador y necesito de tu gracia. Creo que Jesús murió por mí en la cruz. Acepto tu oferta de salvación.* Es una oración sencilla con resultados eternos.

TU RESPUESTA

Creo que Jesucristo es el Hijo del Dios viviente. Quiero que Él sea el Señor de mi vida.

_____

Firma

_____

Fecha

Una vez que hayas puesto tu fe en Cristo, te ruego que des tres pasos. Encontrarás que son fáciles de recordar. Piensa en estas tres palabras: Bautismo, Biblia y pertenecer.

El *bautismo* demuestra y celebra nuestra decisión de seguir a Jesús. Nuestra inmersión en el agua simboliza nuestra inmersión en la gracia de Dios. Así como el agua limpia nuestro cuerpo, así la gracia limpia nuestra alma. Jesús dijo. «El que creyere y fuere bautizado será salvo» (Marcos 16.16). Cuando el apóstol Pablo se convirtió, le preguntaron. «Ahora, pues, ¿por qué te detienes? Levántate y bautízate, y lava tus pecados, invocando su nombre» (Hechos 22.16). Pablo respondió bautizándose inmediatamente. Tú también lo puede hacer.

La lectura de la *Biblia* nos pone cara a cara con Dios. Dios se nos revela a través de su Palabra por medio del Espíritu Santo. «La palabra de Cristo more en abundancia en vosotros» (Colosenses 3.16).

Pertenecer a una iglesia fortalece tu fe. Un cristiano sin iglesia es como un beisbolista sin equipo o un soldado sin ejército. No eres lo suficientemente fuerte para sobrevivir. «No dejando de congregarnos como algunos tienen por costumbre, sino exhortándonos; y tanto más, cuanto veis que aquel día se acerca» (Hebreos 10.25).

Estos tres pasos: bautismo, lectura de la Biblia y pertenecer a una iglesia, son esenciales para tu fe.

Es mi oración que aceptes este gran regalo de la salvación. Créeme, esta no es solo la decisión más importante que has tomado, sino que es la decisión más grande que jamás habrás hecho. No hay tesoro más grande que el regalo de Dios para la salvación.

Epílogo

LO HIZO POR TI

Epílogo

LO HIZO POR TI

¿*Q*uieres saber qué es lo más sorprendente sobre el regreso de Cristo? No es que Aquel que jugaba canicas con las estrellas renunciara para jugar con canicas comunes.

No es que Él, en un instante, pasara de no necesitar nada a necesitar aire, comida, un poco de agua caliente y sales para sus cansados pies y, más que todo eso, necesitara a alguien —cualquiera— que estuviera más preocupado sobre dónde iría a pasar la eternidad que dónde gastaría su cheque del viernes.

No es que mantuviera su serenidad mientras la docena de sus mejores amigos, sintieran el calor y se apresuraran a salir de la cocina. Ni que diera órdenes a los ángeles que le rogaban: «Solo danos la orden, Señor, y todos estos demonios se transformarán en huevos revueltos».

No es que se haya negado a defenderse cuando fue culpado por todos los pecados de cada libertino desde los días de Adán. Ni que haya guardado silencio mientras un millón de veredictos de culpabilidad resonaban en el tribunal del cielo y el dador de la luz quedaba en medio de la fría noche de los pecadores.

Ni siquiera que después aquellos tres días en un hoyo oscuro se levantara a la salida del sol el domingo de Pascua, sonriente y orgulloso, y preguntarle al humillado Lucifer: «¿Fue este tu mejor golpe?»

Eso era sorprendente, increíblemente sorprendente.

Pero, ¿quieres saber lo más sorprendente de Aquel que cambió la corona del cielo por una corona de espinas?

Que lo hizo por ti. Solo por ti.

NOTAS

1. «Pues si vosotros, siendo malos, sabéis dar buenas dádivas a vuestros hijos, ¿cuánto más vuestro Padre que está en los cielos dará buenas cosas a los que le pidan?» (Mateo 7.11).

2. Frank Stagg, *New Testament Theology*, Broadman Press, Nashville, TN, 1962, p. 102.

RECONOCIMIENTOS

Al cristiano ruso que un domingo hace varios años dejó una cruz sobre mi escritorio. En su nota contaba cómo su recién hallada fe en Jesús lo llevó a arrancar los clavos de una vieja y abandonada iglesia rusa. Convirtió los clavos en una cruz. Alrededor de la cruz formó una corona de espinas con alambre de púas. Esta impresionante pieza cuelga en una pared de mi oficina... y aparece en la cubierta de este librito. Mi agradecimiento a esa persona cuyo nombre no conozco, pero cuyo corazón sí.

Max Lucado

ACERCA DEL AUTOR

Max Lucado es un predicador y escritor que vive en San Antonio, Texas. Él y su esposa tienen tres hijas. Está convencido que las promesas de Jesús son verdaderas y que el sol de la Pascua nunca se apagará. Habla de su Salvador cada semana en la iglesia Oak Hills Church of Christ, y escribe sobre Él en su más reciente libro: *Él Escogió los Clavos*, del cual se ha tomado mucho del texto de este pequeño libro.

Otros Títulos de Max Lucado

0-88113-627-1

0-88113-673-5

0-88113-609-3

0-88113-554-2

0-88113-348-5

0-88113-549-6

0-88113-498-8

0-88113-557-7

0-88113-446-5

0-88113-182-2

0-88113-418-X

0-88113-600-0

CARIBE BETANIA
E D I T O R E S

Adquiéralos en su librería cristiana más cercana
o visite: www.caribebetania.com